AF138817

Sabine Schröder

Veränderungsprozesse erfolgreich meistern, aber wie?

Ein Leitfaden zum Selbstcoaching

Bibliographische Information der Deutschen Nationalbibliothek:
Die Deutsche Nationalbibliothek verzeichnet
dies Publikation in der Deutschen Nationalbi-
bliographie, detailiierte bibliographische Da-
ten sind im Internet über http://dnb.dnb.de
abrufbar.

© 2015 Sabine Schröder
Herstellung und Verlag
BOD – Books on Demand, Norderstedt

ISBN 978-3-738-61042-0

Inhalt

Einleitung

Veränderungen sind normal. Nicht ein Augenblick gleicht dem anderen. Zu leben bedeutet, dass alles ständig im Fluss ist. Allein unser Körper verändert sich ständig: Zellen werden gebildet, erfüllen ihre Aufgabe, sterben wieder ab. Biochemische Prozesse sorgen für komplexe Stoffwechselvorgänge.

Unser Gehirn bleibt eine lebenslange Baustelle. Ununterbrochen filtert und verarbeitet es neue Reize und verknüpft neue mit bereits vorhandenen Informationen. Neuronale Netzwerke wachsen oder werden umgebaut.

Wir sind ständig damit beschäftigt, uns an unsere Umgebung anzupassen oder sie an uns.

Trotzdem: Veränderungen machen Angst. Weniger die kleinen, die wir kaum oder gar nicht wahrnehmen, aber je größer und komplexer, desto aufregender – meistens jedenfalls. Obwohl der Mensch ein geniales Anpassungswunder ist, machen uns Veränderungsprozesse zu schaffen. Woran liegt das?

Veränderungsprozesse beinhalten ein hohes Maß an Komplexität: Altes wird losgelassen, ohne dass das Neue schon sichtbar oder greifbar ist. Dementsprechend sind die benötigten Ressourcen möglicherweise noch nicht abrufbar oder sogar noch nicht vorhanden. Der Prozess zwischen dem Ausgangspunkt und dem Ziel ist also sehr krisenanfällig: Was, wenn es nicht gelingt? Was, wenn das Ziel sich als falsch erweist? „Woher weiß ich, dass ich mich in die richtige Richtung verändere?", mögen Sie sich fragen.

Dieser Leitfaden zum Selbstcoaching unterstützt Sie darin, Schritt für Schritt Ihre Veränderung erfolgreich zu meistern. Ich unterstütze Sie in Ihrem Entscheidungsprozess, entdecke mit Ihnen zahlreiche Ressourcen und erarbeite mit Ihnen verschiedene wichtige Energeispender, die Sie benötigen, damit Ihr Prozess gelingt. Zu jeder Lektion stelle ich Ihnen eine Übung zur Verfügung, die sich in meiner langjährigen Arbeit als Coach oftmals bewährt hat.

Viel Spaß und Erfolg!

Lektion 1: Wie entscheidungsfreudig sind Sie?

Unser Leben ist voll von Entscheidungen, das geht schon morgens los: Lieber aufstehen oder noch 5 Minuten liegen bleiben? Was ziehe ich an? Kaffee oder Tee zum Frühstück oder frühstücke ich überhaupt?

Nicht über alle Dinge denken wir jedes Mal neu nach, ein ganzes Arsenal an Lebensmustern haben wir uns im Laufe der Zeit angeeignet und das ist in den meisten Fällen auch gut so. Denn sonst wäre unser Leben noch viel komplexer als es ohnehin schon heutzutage ist. Trotzdem treffen wir am Tag so manche Entscheidungen, die mehr Gewicht haben als der Pfefferminztee, den wir möglicherweise statt des üblichen Kräutertees gewählt haben:

Kläre ich das Missverständnis mit meinem Kollegen, wann und wie?

Lasse ich meine Tochter bei ihrem Freund übernachten?

Lohnt sich die Reparatur meines Autos oder kaufe ich mir ein neues? Und wenn ja, gebraucht oder nagelneu?

Diese Entscheidungen beinhalten schon deutlich mehr Konsequenzen, je nachdem, wie Sie sich entscheiden. Dann sind da noch die „großen" Entscheidungen, wie z.B. die Frage, ob Sie umziehen, einen neuen Job annehmen oder ob Sie eine neue Beziehung eingehen wollem oder nicht.

An den großen Entscheidungen sehen Sie sofort, dass sie auf jeden Fall eine Veränderung im Leben mit sich bringen werden. Wenn Sie woanders wohnen, einen neuen Job haben oder eine neue Beziehung eingegangen sind, dann haben Sie anderes hinter sich gelassen und lernen gleichzeitig, sich an die neue Situation zu gewöhnen, sich an sie anzupassen.

Große Entscheidungen bedeuten in der Regel große Veränderungen.

Ich behaupte: Kleine Entscheidungen bringen ebenfalls Veränderungen mit sich. Doch sind sie häufig nicht so gravierend und ihre Folgen oft besser zu korrigieren. Wenn Ihnen in den 5 Minuten, die Sie sich entschieden haben länger liegen zu bleiben, der Bus vor der Nase wegfährt, ist das meistens kein Drama, es sei denn, Sie verpassen dadurch Ihre Präsentation vor dem Vorstand Ihrer Firma oder Sie treffen im nächsten Bus auf Ihre große Liebe. Wenn Sie sich aber häufiger für diese 5 Minuten entscheiden, werden Sie ein neues Ritual oder Muster einüben und sich in diesem Punkt grundlegender verändern. Wenn Sie nun mit jemandem zusammen leben und normalerweise gemeinsam frühstücken, dann hat Ihre Veränderung möglicherweise auch eine Auswirkung auf Ihren Partner oder Ihre Kinder.

Sie sehen: Auch kleine Entscheidungen führen auf längere Sicht zu Veränderungen. Dieser Punkt ist sehr

wichtig, denn häufig verändern wir
uns gar nicht aufgrund großer Entscheidungen , sondern durch kleine
unspektakuläre.
Doch wie entscheidungsfreudig
sind Sie? Kommen wir zurück zu der
Frage, wie entscheidungsfreudig Sie
sind. Stellen Sie sich hierzu eine
Skala von 1 bis 10 vor, bei der Ziffer 1 „entscheidungsschwach" bedeutet
und 10 „entscheidungsfreudig". Wo genau sortieren Sie sich ein?
Fiel Ihnen das leicht, sich zu
entscheiden?
Angenommen, Sie haben sich bei 7
und mehr einsortiert. Sie sind also
jemand, der sich gut und schnell entscheiden kann.
Lassen Sie uns einmal darüber
nachdenken, auf welche Ressourcen Sie
dabei möglicherweise zurückgreifen.
Ich vermute, Sie sind sich Ihrer
selbst bewusst, Sie haben Ihre Ziele
vor Augen und wissen, wo Sie hin wollen. Sie trauen sich zu, die Konsequenzen Ihrer Entscheidung weitestge-
hend zu überschauen und haben den
Mut, zu einer falschen Entscheidung
zu stehen und sie zu korrigieren,
falls das möglich ist.
Ihr Wachstumsbereich liegt in der
Regel darin zu lernen, über sich
selbst und über andere nicht zu
schnell hinwegzugehen. Je größer eine
Entscheidung ist, desto mehr Veränderung bedeutet sie für Sie selbst und
das Alte, was dann nicht mehr da ist,

will auch betrauert werden. Je öfter sie über sich selbst hinweggehen, desto mehr lassen Sie Ihren emotionalen Anteil außer Acht – auf Dauer kann so ein Verhalten in ein Burnout führen.

Schwierig wird es für Sie da, wo Sie von entscheidungsschwachen Menschen umgeben sind, die aber genauso entscheidungsbefugt sind wie Sie. Das kann Sie auf Dauer unzufrieden machen und Ihre KollegInnen stark unter Druck setzen – eine unbefriedigende Situation für alle Beteiligten. Deshalb ist es für Sie gut, immer auch von Menschen umgeben zu sein, die Ihnen durch ihre Entscheidungsstärke Energie geben, und von solchen, die Ihre Entscheidungsstärke benötigen.

„Au weh", haben Sie vielleicht gedacht, „ich bin auf der Skala bei 4 oder vielleicht noch weniger, ich kann mich einfach nur schlecht entscheiden."

Auch mit Ihnen möchte zunächst schauen, welche Ressourcen Sie dabei abrufen. Ich vermute, Sie gehören zu den Menschen, die viel nachdenken und die Dinge richtig machen wollen. Sie lieben Ihre Sicherheit und achten darauf, dass auch die Menschen um Sie herum mit Ihrer Entscheidung gut leben können.

Ihr Wachstumsbereich liegt darin, dass Sie Angst vor einer falschen Entscheidung haben und / oder sich von der Meinung anderer Menschen zu sehr abhängig machen. Möglicherweise sind Sie auch so wenig bei sich selbst, dass Sie gar nicht wissen, was genau Sie eigentlich wollen.

Die Entscheidungsfreudigen unter Ihnen gehen also möglicherweise über einen Teil von sich selbst und über andere zu schnell hinweg, die entscheidungsschwächeren unter Ihnen nehmen sich ebenfalls zu wenig wahr, sehen dafür aber die anderen umso stärker.

Sollten Sie auf der Skala in einem mittleren Bereich liegen, heißt das in der Regel, dass Sie je nach Thema oder Fragestellung mal sich besser mal schlechter entscheiden können.

Dazu möchte ich eine kleine Übung mit Ihnen machen. Doch vorweg erkläre ich Ihnen sehr grob, wie unser Gehirn Dinge verarbeitet: Gute Verarbeitung gelingt grundsätzlich ganzheitlich, d.h. wenn die verschiedenen Hirnbereiche gut miteinander in Kontakt sind. Dann wird ein ganzheitliches Erleben mit dem Hier und Jetzt verknüpft und in unserem biografischen Gedächtnis abgelegt.

Was heißt das? Wenn Sie sich beispielsweise für ein neues Auto entscheiden, dann wird unser Denken, Handeln, unser Gefühl und unser Körpergefühl gemeinsam mit einem Datum und einem bestimmten Ort, in diesem Fall könnte es ein Autohaus sein, verknüpft und abgespeichert. Unser Denken und Handeln beinhaltet z.B.

die Kalkulation, ob Sie sich ein Auto
leisten können, Fragen nach dem Mo-
dell und seiner Ausstattung, das Aus-
suchen und Verhandeln mit einem Ver-
kaufspartner usw. Dabei entstehen
aber immer auch Emotionen: die wie-
derum aus Gefühl und Körpergefühl be-
stehen: Die Sorge, den Kredit nicht
bedienen zu können, spüren Sie z.b.
sofort in der Brust, die Freude bei
der Schlüsselübergabe im Bauch usw.
Wenn nun dieses Ereignis vom Autokauf
gut verarbeitet worden ist, dann können Sie es später wieder aufrufen und
sich daran erinnern. Wichtig: zu jedem Gedanken und jeder Handlung gehören auch immer Gefühl und Körpergefühl. Das können wir nutzen, wenn wir
uns entscheiden müssen.

Angenommen, Sie müssen sich zwischen zwei Optionen entscheiden: Sie
bekommen z.b. einen Job am anderen
Ende der Stadt und fragen sich jetzt,
ob Sie besser umziehen oder doch in
Ihrem gewohnten Umfeld wohnen bleiben, dafür aber längere Strecken täg-
lich fahren. Beides hat Vor- und
Nachteile. Auch wenn Sie sofort wissen, wie Sie sich entscheiden würden,
bitte ich Sie, dieses Experiment
mitzumachen, um sich besser kennenzu-
lernen. Stellen Sie 2 Stühle in den
Raum, der eine steht für „Wohnen
bleiben" und der andere für „umziehen". Legen Sie auf jeden Stuhl ein
Blatt Papier und einen Stift bereit
und teilen Sie das Papier in drei

Teile: Gedanken, Vor- und Nachteile – Gefühle – Körpergefühle. Setzen Sie sich dann auf einen der beiden Stühle und schreiben Sie zu jedem Punkt alles auf, was Sie wahrnehmen. Achten Sie vor allem auf Ihr Körpergefühl. Wie angespannt oder entspannt sitzen Sie? Gehen Sie dann zu dem anderen Stuhl und setzen Sie sich dort bewusst hin. Wiederholen Sie die Übung. Nehmen Sie vor allem wieder Ihr Körpergefühl wahr. Auf welchem Stuhl waren Sie entspannter, gelassener, energiegeladener?

Die Aufmerksamkeit vor allem auf unseren Körper zu richten, hat 2 Gründe: 1. Unser Körper lügt nicht und er gibt uns am deutlichsten ein Feedback über unseren tatsächlichen Wünsche. Das liegt daran, · dass das Körpergefühl von dem unbewussten Teil unseres Gehirns gesteuert wird. Der 2. Grund ist, dass das, was wir körperlich wahrnehmen am stärksten nachwirkt und uns am meisten in Bewegung setzt. Wir erleben, wie wir uns entscheiden, und ein positives Körpergefühl bewirkt positive Gefühle, die wir benötigen, um uns überhaupt verändern zu wollen.

Jetzt sind Sie an der Reihe: Testen Sie einmal die Methode mit den beiden leeren Stühlen anhand einer kleineren Entscheidung, die Sie tatsächlich gerade treffen müssen.

Übung 1: Wie entscheidungsfreudig sind Sie?

1. Benennen Sie Ihr Thema genau: Zwischen welchen Optionen wollen Sie sich entscheiden?

_____

_____

_____

_____

_____

2. Benennen Sie Ihre Optionen genau: Welche sind dies? Wichtig! Schreiben Sie auch für Sie abwegige Optionen auf, sonst bekommen Sie für sich keine Klarheit!

_____

_____

_____

_____

_____

_____

3. Positionieren Sie Stühle im Raum und ordnen Sie jedem Stuhl eine Option zu! Legen Sie auch jeweils Papier und Stift bereit.

4. Beginnen Sie mit einem Stuhl Ihrer Wahl: Nehmen Sie auf diesem Stuhl Platz, indem Sie sich sagen „Ich entscheide mich jetzt für Option A!"

5. Schreiben Sie sich jetzt alles auf, was Sie an Eindrücken bemerken: Beginnen Sie damit wahrzunehmen, wie es Ihnen geht! (das Unbewusste ist schneller als der Kopf!) Sie können dieses Blatt auch mehrfach ausdrucken.

Wie geht es Ihnen?

Wie fühlt sich Ihr Körper an?

Was denken Sie?

Was nehmen Sie außerdem wahr?

Skalieren Sie Ihre Energie von 1 bis 10 auf diesem Stuhl (1=keine Energie; 10=voller Energie)

1

6. Stehen Sie auf, lassen Sie den Stuhl bewusst hinter sich und setzen Sie sich auf den nächsten.

7. Vergleichen Sie Ihre Ergebnisse! Sie können sich nach allem auch noch einmal auf den Stuhl setzen, der Ihnen am meisten Energei gegeben hat, um zu überprüfen, dass Ihre Entscheidung sich dort am besten anfühlt.

Lektion 2: Entdecken Sie Ihre Ressourcen!

Der Begriff „Ressource" tauchte in meiner Wahrnehmung das erste Mal im Zusammenhang mit knappen Ressourcen auf. Vor allem Wasser und Erdöl waren und sind knappe Ressourcen. Ich weiß noch, dass ich als Kind im Flur stand und eines sonntags auf die leere Straße vor unseren Haus blickte – ein ungewohntes Bild. Autofreie Sonntage waren richtig spannend, manche gingen sogar auf den Autobahnen spazieren. Nun werden die wenigsten von uns Erdöl an sich benötigen, aber wir brauchen diese Ressource, um zahlreiche andere Stoffe herzustellen: Kraftstoff, Schmieröl und fast alle Sorten von Kunststoff werden aus Erdöl hergestellt. Wir sind also – zumindest im Augenblick noch – auf diese Ressource angewiesen, um unseren Alltag zu bewältigen.

Darum geht es in diesem Kurs: Ressourcen sind all jene „Mittel", mit denen wir unser Leben bewältigen. Das können ganz unterschiedliche Dinge und auch lebende Wesen sein: Mit manchen werden wir geboren: mit einer gewissen Portion Energie, Gesundheit oder Intelligenz, mit Gaben, Persönlichkeitseigenschaften usw. Die gilt es zu entfalten, zur Geltung zu bringen. Andere Ressourcen sind Beziehungen, wirtschaftliche Mittel, aber auch Berufs- und Lebenserfahrung oder Krisenbewältigung. Sie merken, Sie haben eine ganze Reihe von Ressourcen, die Sie im Alltag abrufen können.

Um eine Idee von Ihren Ressourcen zu bekommen, machen wir eine kurze Übung: Suchen Sie sich eine private oder berufliche Aufgabe, die Sie heute oder in dieser Woche gut bewältigt haben. Malen Sie sich diese Situation noch einmal vor Ihren Augen aus: Was genau haben Sie gemacht? Wo war das? Was sehen Sie jetzt als Film vor sich? Wie ging es Ihnen? Was ging Ihnen durch den Kopf?

Wenn Sie sich die Situation wieder gut wachgerufen haben, dann zählen Sie jetzt mindestens 3 Ressourcen auf, die Sie bei der Bewältigung dieser Aufgabe genutzt haben! .

Möglicherweise haben Sie ein Projekt auf der Arbeit zum Abschluss gebracht. Sie haben es also geschafft, eine für eine gewisse Zeit fest umrissene Aufgabe zu planen, zu strukturieren und das Ergebnis zu dokumentieren. Vielleicht haben Sie dabei ein Team geleitet.

Sie könnten jetzt diese Ressourcen der Reihe nach durchgehen und sich fragen:

„Wie genau habe ich das gemacht?", z.B. „Wie genau ist es Ihnen gelungen, Ihr Team für dieses Projekt zu motivieren?"

Wenn Sie sich ein paar Minuten Zeit nehmen und sich diese Frage stellen, werden Sie feststellen, dass

Ihnen mehr als 3 Ressourcen zu dieser Frage als Antwort einfallen werden.

Ich wünsche Ihnen viel Spaß mit der Übung. In der folgenden Lektion werden wir uns ansehen, wieso es wichtig ist, entlang unserer Ressourcen Entscheidungen zu treffen.

Übung 2: Entdecken Sie Ihre Ressourcen!

1. Was ist Ihnen heute oder in den letzten Tagen gut gelungen? Beschreiben Sie es für sich genau (möglichst aus der Position eines Regisseurs, als ob Sie einen Film drehen wollten). Wo war es? Wer war dabei? Worin lag für Sie die Schwierigkeit oder Herausforderung?

_____

_____

_____

_____

_____

_____

2. Was genau ist Ihnen da gelungen? Schreiben Sie jeden Punkt einzeln auf. Also z.B. (1) Mir ist klar geworden, dass ich auf diese Weise mit Mitarbeiter X nicht weiterarbeiten kann. (2) Ich habe ihn um ein klärendes Gespräch gebeten. (3) In diesem habe ich meinen Standpunkt klar geäußert. (4) Wir haben einen guten Kompromiss gefunden.

_____

_____

_____

_____

_____

_____

_____

_____

_____

_____

_____

3. Jetzt können Sie sich zu jedem
Satz folgende Fragen stellen:

Wie haben Sie das genau gemacht, dass
es Ihnen gelungen ist?

Welche Fähigkeiten, welche Ressourcen
haben Sie dabei genutzt? An unserem
Beispiel könnte es z.B. zu Satz 3
heißen: „Ich war mir im Klaren, was
ich wollte. Ich war bereit zur Kon-
frontation. Ich wollte auch hören,
was er zu sagen hat. Mir war wichtig,
dass wir in besserer Form miteinander
zusammen arbeiten."

Ressourcen sind also u.a.: Klarheit,
Position beziehen, die andere Position wahrnehmen können und wollen, den
anderen wertschätzen und respektieren
usw.

_____

_____

_____

_____

_____

_____

Lektion 3: Ressourcenorientiert Entscheidungen treffen

In dieser Lektion befassen wir uns mit Zusammenhang zwischen unseren Ressourcen und unseren Entscheidungen.

Ich nehme an, dass Sie eine ganze Reihe von Ressourcen in der letzten Übung entdeckt haben, Dinge, die genau Sie ausmachen und Ihnen helfen, Ihren Alltag gut zu bewältigen. Wie also hängen jetzt unsere Ressourcen und unsere Entscheidungen miteinander zusammen?

Dazu erinnern wir uns kurz an die Übung aus der ersten Lektion. Sie sollten eine anstehende Entscheidung auswählen und mit Stühlen symbolisieren. Bei der Übung ging es darum, Denken, Handeln, Fühlen und Körpergefühl wahrzunehmen. Was ich in dieser Übung bereits schon einmal vorausgesetzt habe, möchte ich Ihnen jetzt genauer erklären.

Unser Gehirn verarbeitet unsere Erlebnisse ganzheitlich und verknüpft sie mit einem bestimmten Zeitpunkt und mit einem bestimmten Ort und legt sie in unserem biografischen Gedächtnis ab. Das funktioniert umso besser, je mehr alle beteiligten Gehirnteile miteinander im Kontakt sind. Heute wissen wir, dass wir alle einen so genannten Ressourcenbereich besitzen, innerhalb dessen wir unsere Emotionen regulieren. Wir können innerhalb die-

ses Ressourcenbereichs zwischen Entspannung und Anspannung hin- und her-
wechseln oder uns in einem mittleren
wachen Erregungsniveau aufhalten.
Dort sind unsere Großhirnrinde – der
Teil, mit dem wir bewusst wahrnehmen,
sprechen, denken und reflektieren –
das Limbische System und der Hirn-
stamm – die unbewussten Teile unseres
Gehirns – gut miteinander in Kontakt. Das bedeutet, dass wir vor allem in diesem mittleren Erregungsbe-
reich in besonders guter Art und Weise auf alle unsere Ressourcen zurückgreifen können.

Wenn wir sehr angespannt sind –
z.B. weil wir uns gerade geärgert haben, unter Stress stehen oder vielleicht Angst vor einer Aufgabe ver-
spüren, ist es schon schwieriger, auf
alle unsere Ressourcen zurückzugrei-
fen und bei hoher Anspannung wechseln
wir dazu über zu funktionieren. Das
heißt, wir spulen uns bekannte Abläu-
fe ab, ohne darüber nachzudenken, was
wir tun, wie es uns unserem Körper
dabei geht. Wer das zu lange macht,
brennt aus.

Wenn wir auf der anderen Seite zu
entspannt sind, fällt es uns auch
schwer, alle Ressourcen abzurufen.
Wer möchte schon gern faul auf dem
Sofa liegen und gleichzeitig ausrech-
nen, wie viel 57 mal 23 ist. Aber
auch bei einer niedrigen Spannung
aufgrund von Antriebslosigkeit oder
Traurigkeit ist es schwer, seine Res-

sourcen abzurufen.

Wie können Sie nun ein mittleres waches Erregungsniveau erreichen, damit Sie auf möglichst viele Ressourcen zugreifen können? Indem Sie lernen, sich ganzheitlich wahrzunehmen. Wenn Sie ein entscheidungsfreudiger Mensch sind, der vor allem kognitiv gesteuert ist, dann ist es wichtig, einmal innezuhalten und bei einer bestimmten Entscheidung auch die Gefühle und die Körpergefühle wahrzunehmen. Sie werden feststellen, dass es da angenehme, neutrale und unangenehme Körpergefühle gibt. Um mit Ihren Ressourcen besser in Kontakt zu kommen, ist es deshalb jetzt wichtig, die unangenehmen zu registrieren und die neutralen oder angenehmen aufmerksam wahrzunehmen. Dabei ist es egal, ob sich Ihr linker Zeh entspannt oder Ihr Bauch locker anfühlt. Was passiert dadurch? Entspannung und Anspannung haben die Eigenschaft, sich im Körper auszubreiten, wenn wir sie bewusst wahrnehmen. Wenn Sie also kurz innehalten und versuchen herauszufinden, wo es halbwegs angenehm im Körper ist, dann wird sich das mit der Zeit der Übung auswirken und Sie werden schneller in ein waches Erregungsniveau zurückkehren.

Wenn Sie sich eher schwerer mit Entscheidungen tun, dann sollten Sie Folgendes versuchen herauszufinden: Sind Sie bei Entscheidungen eher angespannt, weil Sie möglicherweise die

Konsequenzen fürchten, oder sind Sie eher fast gelähmt und deshalb im unteren Teil Ihres Ressourcenbereichs? Auch für Sie gilt: Kommen Sie zurück in ein mittleres waches Erregungsniveau, indem Sie sich auf Ihren Körper konzentrieren. Da Sie vermutlich von Ihren Gefühlen an guten Entscheidungen gehindert werden, versuchen Sie diese nur zu registrieren; konzentrieren Sie sich aber auf neutrale oder angenehme Bereiche.

Wie hängen jetzt also Ihre Ressourcen und Ihre Entscheidungen zusammen? In einem mittleren wachen Erregungsniveau haben Sie Zugang zu den für Sie ganz eigenen Ressourcen. Je mehr Sie sich in diesem Bereich befinden, desto stimmiger können Sie Entscheidungen treffen und desto mehr Ressourcen haben Sie zur Verfügung, um die damit zusammenhängenden Veränderungsprozesse zu bewältigen.

Damit sind wir auch schon beim Thema der nächsten Lektion, in der wir uns um diese Veränderungsprozesse kümmern werden.

Nehmen Sie sich noch einmal ganzheitlich wahr: Welche Gedanken gehen Ihnen gerade durch den Kopf? Was fühlen Sie? Wie fühlt sich Ihr Körper an? Und zuletzt: Suchen Sie einen halbwegs neutralen oder angenehmen Teil in Ihrem Körper und beschreiben Sie ihn: Ist er entspannt, warm, locker, weich oder wie sonst?

Übung 3: Ressourcenprientiert Entscheidungen treffen

1. Nutzen Sie Ihr Ressourcenbarometer! Nehmen Sie sich selbst wahr: Wo genau befinden Sie sich innerhalb Ihres Ressourcenbereichs? (Skala 1 bis 10)? Woran genau merken Sie das?

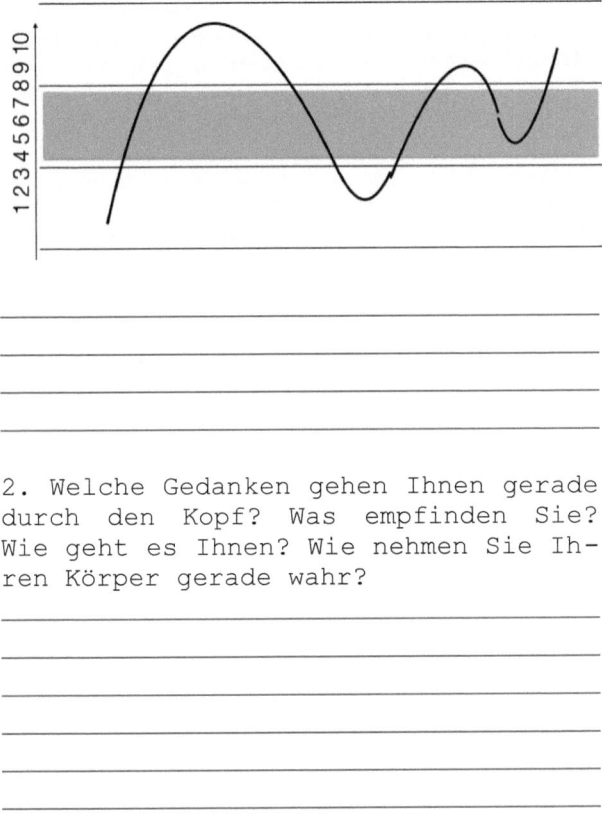

2. Welche Gedanken gehen Ihnen gerade durch den Kopf? Was empfinden Sie? Wie geht es Ihnen? Wie nehmen Sie Ihren Körper gerade wahr?

3. Suchen Sie jetzt einen halbwegs neutralen oder sogar angenehmen Bereichs Ihres Körpers. Wie fühlt er sich an (angenehm, warm, entspannt, locker, …?)

4. Falls Sie sehr hoch sind auf der Skala Ihres Ressourcenbereichs, wiederholen Sie mehrfach diese Übung im Laufe des Tages, um noch mehr Zugang zu Ihren Ressourcen zu erhalten. Falls Sie sehr niedrig sind innerhalb Ihres Ressourcenbereichs, kommen Sie in Bewegung, indem Sie eine flotte Runde um den Block gehen, ein paar Liegestütze o.ä. machen, sich etwas kurzes Lustiges ansehen oder etwas anderes tun, was Ihnen wieder neue Energie gibt.
Auch ein offenes Fenster bewirkt manchmal Wunder.

Lektion 4: Überschlagen Sie die Kosten!

In diesem Kapitel geht es darum, wie Sie Veränderungsprozesse entlang Ihrer eigenen Ressourcen bewältigen können. Wir beschäftigen uns jetzt mit der Frage, wie Sie Veränderungen so gestalten können, dass Sie Sie auch tatsächlich einleiten und an Ihrem Ziel ankommen. Denn das kennen Sie vielleicht: Sie wissen, dass Sie mehr auf Ihre Gesundheit achten sollten, Ihre Zeit besser einteilen oder mehr Zeit mit Ihren Kindern verbringen wollen. Sie beginnen enthusiastisch, doch dann schleichen sich die alten Gewohnheiten wieder ein und die gewünschte Veränderung bleibt aus. Dies kann an verschiedenen Faktoren liegen, die Sie unbedingt mit bedenken sollten, damit Sie Ihren Prozess erfolgreich abschließen können.

Wir werden uns vor allem mit den Veränderungsprozessen beschäftigen, die wir selbst gestalten können, beispielsweise wenn wir beschließen, an unserer Persönlichkeit zu arbeiten, unsere Lebensumstände zu verändern – z.B. den Job oder den Wohnort – oder unsere Art, mit Beziehungen umzugehen.
„Wenn ich mich selbst dafür entscheiden kann, werde ich mich auch verändern", denken Sie. Aber stimmt das auch? Wie viele Menschen machen eine Diät und nehmen doch nicht ab,

wie viele sind unglücklich in ihrem Job, suchen sich aber keinen neuen, wie viele haben einen Lebenstraum, aber gehen nicht die ersten Schritte, um ihn eines Tages zu verwirklichen. Woran liegt das?

Ich weiß nicht, wie gut Sie sich noch an Ihren Chemieunterricht erinnern können, aber eine Sache, die Ihnen begegnet sein wird, ist, dass es chemische Reaktionen gibt, die nach einer gewissen Energiezufuhr von selbst weiter laufen und andere, die, nachdem ihnen die Energie entzogen wurde, nicht weiter reagieren. Exotherme und endotherme Reaktionen nennt man diese beiden Reaktionstypen. Zu den exothermen gehören z.B. die Verbrennungen, bei denen Licht oder Wärme frei werden. Wenn Sie z.B. Öl in der Pfanne erhitzen, bis es Feuer fängt, dann brennt es auch weiter, wenn Sie die Herdplatte ausstellen. Sie müssen also eine gewisse Energie – in diesem Fall in Form von Wärme – dem Öl in der Pfanne zuführen, bis die Verbrennungsreaktion in Gang gesetzt wird. Ab diesem Moment läuft die Verbrennung von alleine weiter, weil insgesamt mehr Energie frei wird als zuvor zugeführt wurde.

Wenn wir uns das an einem Schema verdeutlichen, sieht das so aus:

Energie

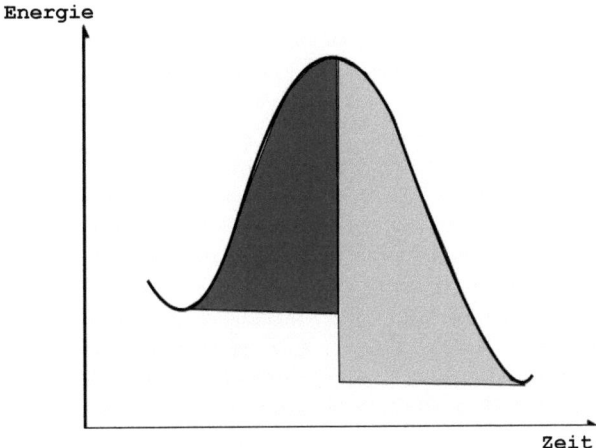

Zeit

Was hat das jetzt mit Veränderungsprozessen zu tun? Sie haben es sich vielleicht schon gedacht, für eine Veränderung müssen Sie ebenfalls von einem Ausgangsstoff – z.B. einem Job, den Sie derzeit innehaben – zu einem neuen Produkt – z.B. einem neuen Job, kommen. Nun gelangen Sie aber nicht einfach so auf geradem Weg von A nach B, sondern Sie müssen ein gewisses Maß an Energie aufwenden, um die Veränderung im Bild gesprochen zum Laufen zu bekommen. Sie ahnen es, die Energie, die Sie aufbringen müssen, um tatsächlich eine Veränderung herbeizuführen, muss dabei kleiner sein als die Energie, die Sie durch die Veränderung gewinnen, aber groß genug, um aus A B werden zu lassen.

Warum ist das so? Weil der Bereich zwischen A und B ein hohes Maß an Komplexität beinhaltet. Sie sind im Begriff Position A zu verlassen, aber Sie sind noch nicht bei B angekommen. Das bedeutet, Sie begeben sich in ein unbekanntes Terrain. Altes müssen Sie schon loslassen, ohne dass Sie schon ganz genau wissen, wie es auf Position B sein wird. In diesem Bereich sind Sie deutlich orientierungsloser, haben eine Menge Fragen, ohne die Antworten zu kennen und haben eventuell noch keine geeignete Strategie entwickelt, um mit Position B umzugehen. Je größer und komplexer dieses Feld ist, dass Sie überwinden müssen, desto mehr Energie müssen Sie aufwenden, um von Position A zu Position B zu wechseln, um sich also zu verändern.

In den nächsten Lektionen wird es sinnvoll sein, wenn Sie an einem konkreten Beispiel arbeiten. Wenn Sie es schon wissen, umso besser, ansonsten suchen Sie sich eine mögliche Veränderung in folgenden Bereichen aus:

Ich möchte an meiner Persönlichkeit arbeiten und Folgendes verändern:
   Ich möchte in meinem Beruf Folgendes verändern: .
   Ich möchte im Umgang mit meinen Beziehungen Folgendes verändern:
   Ich möchte im Umgang mit mir selbst Folgendes verändern:

   Als erstes machen Sie jetzt bitte Dieses: Legen Sie A und B fest: Was möchten Sie verlassen (so konkret wie

möglich) und wo wollen Sie hin (auch
so konkret wie möglich)? Wenn Sie
beides benannt haben, dann definieren
Sie den Raum dazwischen: Welche Gedanken, Entscheidungen, Schritte werden Sie Energie kosten? Welchen Preis
müssen Sie also dafür bezahlen, damit
Sie B erreichen? Definieren Sie das
Feld zwischen A und B!

Ich gebe Ihnen vor der Übung noch
ein Beispiel: Nachdem ich jahrelang
als Lehrerin gearbeitet hatte, war
ich bei einem Verlag angestellt. Eines Tages wurde ich von meiner heutigen Kollegin mit der Frage konfron-
tiert, ob ich mich nicht selbstständig machen wollte. A war in meinem
Fall die Anstellung im Verlag, B die
Selbstständigkeit. Doch welchen Preis
musste ich für die angestrebte
Selbstständigkeit bezahlen?

Ich gab meine Kollegen auf und
würde vor allem alleine arbeiten, ich
gab die Sicherheit auf, regelmäßig
ein Gehalt auf meinem Konto zu haben,
ich habe eine feste Struktur und feste Handlungsabläufe aufgegeben und
auch ein vielfältiges und interessan-
tes Arbeitsgebiet. Hinzu kamen stattdessen ein hohes Maß an Selbstdiszi-
plin, Werbung, Aquise, Erarbeiten einer eigenen Marke, Besuch von weiteren Fortbildungen und vieles andere
mehr. Sie sehen: Ich hatte einen hohen Preis zu bezahlen, für den eine
Menge Energie nötig war, damit die

Veränderung zum Selbstläufer werden konnte. Welche Dinge dazu führen, dass die Energie größer ist als der Preis, den Sie bezahlen, das betrachten wir in den nächsten Lektionen. Hier ist erst einmal Ihre Aufgabe: Zeichnen Sie Ihre persönliche Veränderungsgrafik. Definieren Sie möglichst konkret die Positionen A und B und schreiben Sie in das Feld dazwischen den Preis, den Sie für die Veränderung bezahlen werden: Das sind einmal Dinge, die Sie aufgeben werden und zum anderen Dinge, die Sie tun müssen, um zu B zu gelangen.

Übung 4: Überschlagen Sie die Kosten!

1. Zeichnen Sie in die Skizze Ihren Veränderungsprozess ein. Definieren Sie zunächst A (Ausgangsposition) und wie viel Energie Sie dafür derzeit aufwenden müssen. Zeichnen Sie danach B ein. Überprüfen Sie, ob Sie bei B tatsächlich mehr Energie bekommen als Sie bei A einsetzen!

Energie

Zeit

2. Überschlagen Sie die Kosten. Schreiben Sie in den linken Raum zwischen A und B alles auf, was Sie die Bewegung von A nach B kosten wird. Was verlieren Sie? Was lassen Sie los? (Menschen, Orte, Gegenstände …)

———————————————————————

———————————————————————

———————————————————————

———————————————————————

———————————————————————

———————————————————————

Was haben Sie in der Zwischenzeit noch nicht? (andere Menschen, Orte, Gegenstände, Fähigkeiten, Handlungsabläufe, Routine …) .

———————————————————————

———————————————————————

———————————————————————

———————————————————————

———————————————————————

———————————————————————

Welche Gedanken, Fragen und Gefühle verbinden Sie mit dem Weg von A nach B?

———————————————————————

———————————————————————

———————————————————————

———————————————————————

3. Nachdem Sie Ihre Kosten überschlagen haben, zeichnen Sie in den
rechten Raum ein, was Sie durch die
Veränderung hin zu B gewinnen. Überprüfen Sie noch einmal fürs Erste, ob
sich B für Sie lohnt!

_____

_____

_____

_____

Lektion 5: Ich will mich verändern – aber wie?
Wovon Ihre Veränderunsenergie abhängt

Nachdem Sie sich über den Preis Gedanken gemacht haben, stellt sich nun die Frage, woher die Energie kommt, um den Preis bezahlen zu wollen. Sie merken schon an dieser Formulierung: Sie muss höher sein als der Preis, den Sie bezahlen, sonst gehen Sie gar nicht erst los. Oft passiert genau das unbewusst, sodass Sie sich wundern, weshalb Sie sich nicht verändern, obwohl Sie das doch eigentlich wollten. Eigentlich. Schon dieses Wort kann ein erster Hinweis darauf sein, dass da irgendetwas in Ihrer Rechnung noch nicht stimmt, dass Sie letztendlich nicht davon überzeugt sind, dass sich Ihr Ziel lohnt. Es ist also wichtig, darüber nachzudenken, ob Sie genug Energie haben, um sich wirklich in die von Ihnen gewünschte Richtung zu verändern.

Der erste Punkt, der Ihnen Energie geben kann, ist die Frage, wie unzufrieden oder unglücklich Sie mit Ihrer jetzigen Situation sind. Unzufriedenheit ist dabei ein Gefühl des Ärgers, Unglücklichsein ein Gefühl der Trauer.

Warum ist diese Unterscheidung wichtig? Denken Sie noch einmal kurz an den Ressourcenbereich. Ein Gefühl des Ärgers macht angespannt, d.h. in der Unzufriedenheit ist eine Menge

Energie, je nachdem wie hoch der Grad Ihrer Unzufriedenheit ist. Wenn Sie aber eher deprimiert oder traurig sind, geht Ihre Energiekurve eher in Richtung Niedrigspannung, d.h. aus dem Gefühl des Unglücklichseins können Sie nur wenig Energie ziehen. Unglücklichsein macht eher deprimiert und antriebslos.

Wenn Sie jetzt einen Schnellschuss wagen, um aus der Situation zu fliehen – und manchmal ist das sogar nötig – dann ist die Wahrscheinlichkeit hoch, dass Sie nicht bei B ankommen, sondern bei einem neuen A.

Das kann z.B. bedeuten, dass Sie sich einen Job suchen, in dem Sie wieder ähnliche Dinge erleben, einen ähnlichen Chef haben oder Sie finden einen ähnlichen Partner.

Wenn Sie dagegen vor allem unzufrieden mit Ihrer jetzigen Situation sind, haben Sie schon ein gutes Maß an Veränderungsenergie gesammelt. Die kann z.B. ausreichen, um einen Entschluss zu fassen: „Ja, ich will mich verändern."

So seltsam das klingt: Es ist enorm wichtig, wirklich zu wollen. Viele Menschen sind nämlich zwar unzufrieden mit Ihrer Situation, haben sich aber auch gut mit ihr arrangiert. Aus dem sicheren Hafen kann man manchmal ganz gut davon träumen, was alles anders sein könnte. Die wesentliche erste Frage ist also: Wollen Sie sich verändern? Wirklich?

Dann haben Sie schon eine gute Portion Veränderungsenergie für sich bereitgestellt. Doch Achtung: Zu viel Unzufriedenheit kann ebenfalls zu einem Schnellschuss führen. Außerdem kann sie den Blick für die Dinge, die Sie auch aufgeben müssen, also für den Preis, den Sie bezahlen, verstellen. Sie werden sich zwar verändern, aber sind Sie dann auch da, wo Sie hinwollten? Dazu brauchen Sie mehr als nur Ihre eigene Unzufriedenheit und Ihren Willen zur Veränderung. Dazu später mehr.

Am Ende dieser kurzen Lektion haben Sie nun die Aufgabe, den Grad Ihrer Unzufriedenheit zu bestimmen. Oder sind Sie eher unglücklich? Was braucht es, damit Sie Ihr Unglücklichsein in Unzufriedenheit umwandeln können? Die beiden Gefühle sind in einer Situation oft wie die beiden Seiten einer Medaille: Unglücklichsein ist eher das passive, Unzufriedenheit eher das aktive Gefühl. Wenn Sie also eher unglücklich sind, sich aber eher unzufrieden fühlen wollen, dann lautet die Frage, wie Sie in der Situation Ihren Ärger spüren, mehr in Aktion oder mehr zu dem Satz: „Ich will" kommen können.

Skalieren Sie Ihre Unzufriedenheit auf einer Skala von 1 bis 10, dabei ist 1 = sehr zufrieden und 10 = total unzufrieden. Betrachten Sie dann Ihre Grafik (Übung 3) und zeichnen Sie die Energie ein, die Sie durch Ihre Unzufriedenheit erzeugen können.

Um auf mein eigenes Beispiel kurz zurückzukommen: Ich war schon unzufrieden mit meiner Situation im Verlag, weil ich viel weniger mit Menschen zu tun hatte als als Lehrerin, weil manche Tätigkeiten mir nicht so gut lagen und weil ich in meiner Situation eine Menge Druck auf andere Menschen ausüben musste. Meine Unzufriedenheit würde ich aus heutiger Sicht vielleicht mit einer 7 skalieren. Manchmal war ich aber auch unglücklich. Dann war es wichtig, wieder aktiver mit meiner Situation umzugehen, und wieder mehr selbst zu gestalten. Dennoch hätte der Grad der Unzufriedenheit alleine nicht gereicht, um mich tatsächlich selbstständig zu machen. Woraus Sie noch Energie ziehen könnten, darüber reden wir in der nächsten Lektion.

Übung 5: Wovon Ihre Veränderungsenergie abhängt

1. Sind Sie eher unzufrieden oder eher unglücklich mit Ihrer jetzigen Situation? Skalieren Sie beide Gefühle und ziehen Sie den Wert für „unglücklich" von dem Wert „unzufrieden" ab.

_____

_____

_____

_____

_____

2. Wie viel Energie zur Veränderung haben Sie? Reicht sie aus, damit Sie sich überhaupt verändern wollen?

_____

_____

_____

_____

_____

3. Was müssten Sie ggf. tun, um mehr Veränderungsenergie in sich zu erzeugen? Welche Aspekte haben Sie bisher noch nicht betrachtet? Ist möglicherweise jetzt noch nicht der richtige Zeitpunkt? Was brauchen Sie noch?

_____

_____

_____

_____

Lektion 6: Ich will mich verändern – aber wie? Ressourcenorientiert

In der letzten Lektion haben wir uns damit beschäftigt, wie unzufrieden Sie mit Ihrer jetzigen Situation sind. Die Energie, die Sie aus diesem Gefühl ziehen, lässt Sie nach Alternativen suchen. Dennoch reicht diese Energie zur Veränderung nicht aus. Warum? Weil uns unangenehme Gefühle nicht motivieren. Wir verändern uns nur bedingt aufgrund von unangenehmen Gefühlen, sind aber extrem motiviert, wenn wir uns auf angenehme Gefühle zu bewegen können. Die Frage ist also, was verursacht bei Ihnen angenehme Gefühle, die Ihnen Energie zur Veränderung geben? Genau, wenn Sie sich mehr zu dem Menschen hin bewegen, der Sie im tiefsten Kern wirklich sind. Das heißt, wenn Sie bei Position B Ihre eigenen Ressourcen, Ihre wichtigsten Werte, Ihre Antwort nach Sinn und Ihre Vorstellung vom Leben mehr verwirklichen können – das gibt Ihnen jede Menge an Energie.

Für mich hieß das damals z.B., dass ich in meiner freiberuflichen Praxis wieder viel mit Menschen arbeiten würde, sie coachen könnte, um Ihnen zu helfen, Ihre Persönlichkeit zu entfalten, Vorträge und Seminare halten würde, also wieder unterrichten konnte. Damit konnte ich wieder wichtige Ressourcen nutzen, die in der Verlagsarbeit brach gelegen hatten. Außerdem war es mir möglich, meine mir wichtigen Werte besser umzusetzen. Wesentliche Werte von mir sind z.B. autonom zu sein, wertschätzend miteinander umzugehen oder tiefe Gespräche zu führen. Daneben erlebte ich in meiner Selbstständigkeit mehr Sinn, der für mich u.a. darin liegt, Menschen zu ihrer eigenen Berufung zu führen oder auch in meiner Spiritualität, die durch meinen christlichen Glauben gegeben ist. Merken Sie: Ich konnte durch die Veränderung in erster Linie nur gewinnen.

Deshalb möchte mit Ihnen im Folgenden über Ihre Ressourcen, Ihre Werte und Ihren Sinn nachdenken, denn wenn Sie Entscheidungen entlang dieser Parameter treffen, dann bekommen Sie enorm viel Energie, um sich tatsächlich zu verändern und Sie verändern sich mehr hin zu der Person, die Sie im tiefsten Kern tatsächlich ausmacht. Warum? Weil Sie bei der Beschäftigung mit Ihren Ressourcen, Ihren Werten und Ihrer Antwort nach Sinn eine Vorstellung, eine Vision von Ihrem Leben entwickeln, die Sie tragen wird.

Beginnen wir mit den Ressourcen. Darüber haben wir ja bereits einmal in Lektion 2 gesprochen. Doch jetzt wird es Zeit, Ihre Ressourcen einmal umfassender zu sammeln. Beginnen Sie im Heute. Schauen Sie sich einmal um:

Welche Ressourcen haben Sie und welche davon sind Ihnen besonders wichtig, gehören gewissermaßen ganz besonders fest zu Ihnen?

Welche Bereiche können Sie auf Ressourcen hin abklopfen? Da sind zunächst einmal Sie als Person: Welche Persönlichkeitseigenschaften sind bei Ihnen besonders stark ausgeprägt? Welche besonderen Stärken haben Sie? Was können Sie also besonders gut? Wie leben Sie Beziehungen? Welche Ihrer Beziehungen sind eine Ressource? Wo und wie leben Sie? In welchen Verhältnissen leben Sie?

Nehmen Sie sich ruhig noch einmal Lektion 2 vor: Welche Aufgaben haben Sie in den letzten Tagen oder Wochen erfolgreich geschafft? Beschreiben Sie möglichst detailiiert, wie. Dabei werden in der Regel zahlreiche Ressourcen sichtbar.

Zusätzlich können Sie auch in die Vergangenheit schauen: Wie und wo sind Sie aufgewachsen, welche Ressourcen haben Sie aus Ihrer Herkunftsfamilie geschöpft, welche von Vorbildern, Lehrern, Freunden usw. Sie werden erstaunt sein, wie viele Ressourcen Sie in Ihrem Leben finden werden. Noch ein Tipp: Seien Sie an dieser Stelle nicht bescheiden, sondern sehr sehr großzügig! Denn meine Erfahrung im Coaching mit meinen Kunden sagt mir, dass auch Sie viel mehr Ressourcen haben, als Ihnen bewusst ist.

Übung 6: Verändern Sie sich ressourcenorientiert!

1. Nennen Sie mindestens fünf Stärken Ihrer Persönlichkeit!

_____

_____

_____

_____

_____

_____

_____

2. Wiederholen Sie anhand der Übung zu Lektion 3 weitere 5 Situationen, die Ihnen gut gelungen sind, und entdecken Sie dabei wichtige Ressourcen, die Sie dazu genutzt haben.

_____

_____

_____

_____

_____

_____

_____

_____

_____

_____

_____

3. Wie knüpfen Sie Beziehungen? Wie pflegen Sie diese? Wie stark ist Ihr persönliches und ihr berufliches Netzwerk? Wer unterstützt und ermutigt Sie? Wer gerade in dieser Situation? Wer gibt Ihnen konkrete Rückmeldungen?

_____

_____

_____

_____

_____

_____

_____

_____

4. Welche Dinge im Leben sind für Sie unverzichtbar? Nennen Sie auch hier mindestens 5 Ressourcen!

_____

_____

_____

_____

_____

_____

_____

5. Welche Ressourcen haben Sie von
Personen Ihrer Herkunftsfamilie er-
halten? Welche aus dem Umfeld, in dem
Sie groß geworden sind?

_____

_____

_____

_____

_____

_____

_____

_____

_____

_____

_____

_____

6. Welche Spiele haben Sie im Grund-
schulalter gespielt? Welche Ressourcen werden dabei deutlich?

_____

_____

_____

_____

_____

_____

_____

_____

_____

7. Welche Krisen (Entwicklungs-, Beziehungs- und akzidentielle Krisen) haben Sie schon überwunden? Krisen zu meistern, bedeutet immer, sich neue Ressourcen anzueignen. Denn eine Krise ist dadurch gekennzeichnet, dass die bisherigen Ressourcen zur Bewältigung nicht mehr ausreichen und neue erworben werden müssen.

_____

_____

_____

_____

_____

_____

_____

_____

_____

_____

_____

_____

1

8. Schreiben Sie nun jede gefundene Ressource auf eine Moderationskarte, auf ein Blatt Papier, eine Karteikarte oder anderes. Wählen Sie aus allen Ressourcen die fünf bis zehn für Sie wichtigsten Ressourcen aus. Vielen hilft es, eine Auswahl zu treffen, indem Sie sich hintereinander auf alle Ressourcen einmal gestellt haben.

_____

_____

_____

_____

_____

_____

_____

_____

_____

_____

9. Vergewissern Sie sich, dass Sie bei B viele (besser alle) dieser wichtigen Ressourcen einsetzen können. Zeichnen Sie in Ihre Veränderungskurve ein, wie viel Energie dabei dann frei werden wird, die Sie für den Veränderungsprozess einsetzen können. Falls Sie feststellen, dass Sie wenig oder sogar keine Ressource bei B nutzen können, sollten Sie über Ihr Ziel nachdenken.

_____

_____

_____

_____

_____

_____

_____

_____

Lektion 7: Ich will mich verändern – aber wie? Werte- und sinnorientiert

In der letzten Lektion haben wir darüber nachgedacht, welche Ressourcen Sie haben, auf die Sie im Veränderungsprozess zurückgreifen können bzw. die Sie nach Ihrer Veränderung besser einsetzen können als im Augenblick. Ich hoffe und bin davon überzeugt, dass Sie eine ganze Menge gefunden haben. Wie viel Energie zur Veränderung gibt Ihnen bereits dieses Wissen? Ich denke, Sie können schon bald loslegen. Aber es gibt noch weitere Bereiche: Ihre Werte und das, was Ihnen Sinn gibt, was Sie als sinnvoll empfinden.

Welche ganz persönlichen Werte verfolgen Sie? Worauf legen Sie wert? Was bleibt Ihnen, wenn alles andere wegfällt? Was macht Sie aus? Das sind wichtige, vielleicht auch schwer zu beantwortende Fragen. Aber es lohnt sich, dort hinzuschauen, denn ob Sie sich dessen bewusst sind oder nicht, Sie entscheiden sich entlang Ihrer Werte und Ihrer Sinnorientierung.

Ihre wichtigsten Werte sollten Sie in Ihrem Tun umsetzen oder leben können, denn es hat sich gezeigt, dass gerade an der Sinnhaftigkeit unseres Seins und Tuns die Frage geknüpft ist, ob wir uns mit dem, was wir tun oder mit den Menschen, mit denen wir uns verbinden, in einem gesunden Maß identifizieren können. Gelingt Ihnen das auf Dauer nicht, drohen Langeweile, Lustlosigkeit oder sogar ein Burnout.

Was genau sind eigentlich Werte? Werte sind so etwas wie die Leitlinien, nach denen wir unser Leben gestalten. Wollen Sie sich also verändern, ist es für Sie enorm wichtig zu wissen, nach welchen Werten Sie eigentlich – meistens unbewusst – handeln.

Vielleicht dazu ein Beispiel: Wo ordnen Sie sich auf einer Skala zwischen 1 und 10 ein, wenn 1 = sparsam und 10 = großzügig bedeutet? Angenommen Sie sind ein Mensch, der viel Wert darauf legt, sparsam zu sein. Ich stelle mir vor, dass Sie genau hingucken, für was Sie wie viel Geld ausgeben, dass Sie sich Ihr Geld gut einteilen können und auch ein wenig zur Seite legen. Wenn dieser Wert für Sie enorm wichtig ist, Sie sich also mit ihm stark identifizieren, dann bezieht er sich aber nicht nur auf Ihre Sparsamkeit von Geld, sondern durchzieht Ihr ganzes Leben. Auf die Art, wie Sie wohnen ebenso wie auf die Art, wie Sie am liebsten arbeiten möchten. Wenn Sie bspw. in einem Team arbeiten, in dem Materialverbrauch und die Anzahl von Kopien keine Rolle spielen, dann könnte es sein, dass Sie unter Stress geraten, weil der Wert „Sparsamkeit" Ihnen eine andere Sicht auf die Dinge gibt. Je nach Typ beginnen Sie vielleicht nun, Ihre KollegInnen zu „missionieren" oder Sie ärgern sich im Stillen. Wenn Sie jetzt aber nicht der Mensch sind, der andere schnell und gut überzeugen kann, werden Sie mit der Zeit mit der Situation unzufrieden sein. Da „Sparsamkeit" ein hoher Wert für Sie ist, können Sie für sich auch nicht zur Tagesordnung übergehen. Sind Sie dagegen sparsam, aber dieser Wert nimmt einen niedrigen Rang in Ihrer eigenen Wertehierachie ein, werden Sie mit dem hohen Verbrauch an Ressourcen an Ihrer Arbeitsstelle dagegen möglicherweise weniger Probleme haben. Und noch anders verhält es sich, wenn Sie eher ein großzügiger Mensch sind.

Sie merken, es kommt auf zwei Dinge an: Darauf, welche Werte Sie leben möchten und wie stark diese Werte mit Ihrer Person, mit Ihrem Lebensstil verbunden sind. Es kann sein, dass Sie ein großzügiger Mensch sind, aber dass Ihnen dieser Wert nicht so wichtig ist. Dann macht es Ihnen in der Regel auch nicht so viel aus, wenn andere Menschen, z.B. Ihre Kollegen, eher einen anderen Wert leben. Wenn Sie sich aber mit einem Wert stark verbunden fühlen, dann ist es schwierig, wenn die Menschen um Sie herum genau gegenteilig handeln.

Friedemann Schultz von Thun hat an dieser Stelle für Paare die sogenannten Wertequadrate beschrieben. Was ist damit gemeint? Bleiben wir noch einmal bei dem Beispiel der Werte „sparsam" – „großzügig" und nehmen einmal an, dass Sie ein sparsamer Mensch sind und Ihr Partner ein sehr großzügiger Mensch. Sie können dieses Beispiel auch auf andere Kontexte, z.B. Ihren Arbeitsplatz, übertragen. Beiden Personen ist ihr Wert extrem wichtig, d.h. er stellt eine wesentliche Leitlinie ihres Lebens dar. Was kann dann mit der Zeit passieren? Die beiden Partner versuchen das Verhalten des anderen auszugleichen, denn nach der eigenen Wertebrille handelt der andere grundverkehrt. Was passiert? Der Sparsame wird immer sparsamer bis er nahezu geizig, der Großzügige immer großzügiger bis er verschwenderisch handelt. Beides ist nicht gut, aber darin besteht der Versuch, das Agieren des anderen auszugleichen. Zusammen kommen die beiden nur, wenn jeder ein wenig in die Richtung des anderen Wertes sein Verhalten ändert, d.h. der Geizige etwas großzügiger und der Verschwenderische etwas sparsamer wird.

Was ich mit Paaren manchmal bespreche und dann einübe, ist aber nicht überall möglich. Nehmen wir als Beispiel eine Firma. Die meisten Unternehmen haben inzwischen gelernt, Ihre Werte zu formulieren und nach außen hin zu kommunizieren, wofür sie stehen und was ihre Arbeitsphilosophie ist. Es kann sein, dass Sie gerade in so einem Unternehmen sind und

Sie fühlen sich stark unzufrieden,
wissen aber nicht genau, woran das
liegt. Dann lohnt es sich, einmal
einen Blick auf die Firmenphilosophie
zu werfen. Möglicherweise haben und
leben Sie nämlich andere Werte und
fallen dadurch auf, dass Sie mit
großer Anstrengung versuchen, diese
anderen Werte auszugleichen. Ein
Tipp: Wenn diese Werte, die Sie da so
vehement versuchen auszugleichen, so
eng zu Ihrer Persönlichkeit gehören,
dass Sie sie nicht beiseite lassen
und sich denen des Unternehmens an-
passen können, dann ist es auf die
Dauer ratsam zu gehen. Aber hören Sie
heute noch auf, das Unternehmen von
Ihren Werten zu überzeugen. Es ist
die Identität dieser Firma und genau
so für den Kunden greifbar.

Werte sind also wichtig und Ihre
wichtigsten Werte sollten Sie kennen,
denn wenn Sie sich in Einklang mit
ihnen für etwas entscheiden und die
Veränderung bewirkt, dass Sie Ihre
Werte besser leben können, dann gibt
das eine Menge Veränderungsenergie.

Jetzt sind Sie wieder an der Reihe: Welche Werte sind für Sie wichtig? Schreiben Sie zunächst alle Werte auf, die für Sie eine Bedeutung
haben. Dann geben Sie jedem Wert eine
Ziffer, wie wichtig dieser Wert für
Sie ist. Zuletzt suchen Sie sich die
fünf bis sechs Werte heraus, die ganz
eng mit Ihrer Persönlichkeit verknüpft sind. Überprüfen Sie Ihre Po-

sition B. Können Sie Ihre Werte dort
leben oder müssen Sie B korrigieren?
Wenn Sie sich entlang Ihrer Werte
entscheiden und Ziele suchen, an denen Sie Ihre Werte noch besser leben
können, dann haben Sie eine ganze
Menge Energie, um Ihr Ziel auch zu
erreichen.
Wie können Sie diese Übung jetzt
machen? Dazu ein Beispiel:

Eine Lehrerin fühlt sich an ihrer
jetzigen Schule unwohl und entschei-
det sich, ihre feste Stelle zu kündi-
gen, um an einer Privatschule neu zu
beginnen. Welche Werte haben sie dazu
bewegt? Zunächst: Einige ihrer Werte
werden an ihrer jetzigen Schule ver-
letzt, z.B. werden Schüler bloßge-
stellt statt respektvoll behandelt,
sie liebt anspruchsvollen Unterricht
und sie möchte kreativ ihren Unterricht gestalten. Ihre Werte sind also
respektvoller Umgang, Leistungsorien-
tierung und kreative Gestaltung des
Unterrichts. Wenn sie diese Werte in
ihrer Wichtigkeit einordnen sollte,
dann wäre der respektvolle Umgang ein
extrem wichtiger Wert, wodurch ihr
deutlich ist, weshalb sie an der jetzigen Schule sehr unzufrieden ist.
Die anderen beiden Werte sind auch
wichtig, aber untergeordnet. Es ist
also an der neuen Schule vor allem
wichtig, dass ein respektvoller Umgang herrscht.
Sie können Ihren Werten genauso

auf die Schliche kommen, indem Sie sich bereits getroffene Entscheidungen oder vergangene Veränderungsprozesse einmal genauer anschauen: Weshalb haben Sie sich in bestimmten Situationen so und nicht anders entschieden? Welche Ihrer Werte haben Sie dadurch – vielleicht nur unbewusst – versucht, umzusetzen?

Übung 7:Verändern Sie sich entlang Ihrer Werte!

1. Betrachten Sie mindestens fünf große Entscheidungen, die Sie (privat oder beruflich) in den letzten Jahren getroffen haben. Welche Werte kamen dabei zum Tragen?

_____

_____

_____

_____

_____

_____

_____

2. Nehmen Sie sich nun eine möglichst normale Woche vor und untersuchen Sie Ihre alltäglichen Entscheidungen.

_____

_____

_____

_____

_____

_____

_____

_____

3. Schreiben Sie alle gefundenen Werte jeweils auf ein Blatt Papier oder ähnliches und nennen Sie 5 (maximal) 10 für Sie sehr wichtige Werte. Auch hier können Sie sich einmal auf jeden einzelnen Wert stellen, um die Wichtigkeit für Sie herauszufinden.

_____

_____

_____

_____

_____

_____

_____

4. Versuchen Sie herauszufinden, ob Ihre wichtigen Werte bei B zum Tragen kommen. Wie viel Energie gibt Ihnen dieses Wissen auf Ihrer Veränderungskurve? Tragen Sie sie ein. Falls Ihre Werte bei B keine Rolle spielen oder sogar der jeweilige Gegenwert, überprüfen Sie B.

_____

_____

_____

_____

_____

_____

_____

_____

Lektion 8: Gewinnen Sie eine Vision für Ihr Leben!

Wir sind immer noch dabei, die Dinge zu sammeln, die Ihnen genügend Veränderungsenergie geben. Wenn Sie Ihre Ressourcen jetzt besser kennen und Ihren Werten und Ihren sinnstiftenden Idealen auf die Spur gekommen sind, dann sind Sie schon ein gutes Stück vorwärts gekommen. In dieser Lektion geht es jetzt um das Große Ganze, um Ihre eigene Vorstellung vom Leben, um Ihre Vision.

Manchen Menschen fällt das ja relativ leicht. Frage ich diese, wo Sie in 5 oder 10 Jahren stehen möchten, dann entwerfen sie schnell eine Zukunftsvision. Vielleicht gehören Sie nicht zu denen, sondern sagen sich „Bitte nicht diese Aufgabe!" Nun, ich behaupte, mit den vorhergehenden Lektionen ist es auch für Sie gar nicht mehr so schwer. Denn gerade Ihre Ressourcen und Ihre wichtigsten Werte helfen Ihnen dabei, weil Ihre Vision eng mit diesen Dingen verknüpft ist.

Was ist eine Vision? Eine Vision ist ein Bild von Ihrem Leben, so wie Sie leben möchten. Das kann alle Bereiche, wie z.B. die Arbeit, Ihre Beziehungen, Ihr Umgang mit sich selbst und Ihre Sicht auf die Welt betreffen, sie können Sie aber auch erst einmal nur für einen Bereich, z.B. für Ihre Arbeit entwerfen. Wenn Sie die Vision von Ihrem Leben gefunden haben, merken Sie das in der Regel daran, dass ganz viel Energie frei wird, dass Sie sich total lebendig fühlen. Diese Erfahrung können Sie nun genau auch umgekehrt nutzen, indem Sie sich fragen, was Ihnen gewissermaßen Flügel verleiht, wo Sie total drin aufgehen. Dabei ist es wichtig, dass Sie sich erlauben, ganz kreativ und frei denken zu dürfen. Sämtliche „Wenn" und „Aber" sind in dieser Phase verboten – träumen Sie stattdessen, und zwar groß!

Wenn Sie merken, dass Sie dazu zu viel Bodenhaftung haben, begeben Sie sich wie ein Vogel in die Luft und schauen Sie von oben auf Ihr Leben. Erst wenn Sie sich frei fühlen kreativ zu denken, haben Sie die richtige Flughöhe erreicht.

Was sehen Sie jetzt? Beginnen wir bspw. mit Ihrer Arbeit. Wo genau sehen Sie sich? Was machen Sie gerade? Was gehört genau alles dazu? Beschreiben Sie möglichst genau Ihr Bild und zwar in der Gegenwartsform, im Präsenz. Warum ist das wichtig? Damit Sie bereits schon jetzt ein angenehmes Gefühl aufbauen, dass Sie benötigen, damit Sie später tatsächlich Schritte in diese Richtung gehen werden.

Was könnte so eine Vision sein?

Eine Autorin, die sich gerade einigen Veränderungen in Ihrem Leben stellt, hat die Vision, dass Sie vor

einer großen Zuhörerschaft spricht.
Sie sieht sich in einem großen Hör-
saal stehen und hält einen Vortrag.
Dabei fühlt sie sich sehr lebendig
und mit sich selbst im Einklang. Wenn
wir ihre Ressourcen betrachten, dann
stellen wir fest, dass sie sehr gut
darin ist, Menschen zu unterrichten,
dass Ihr die Ausarbeitung von Vorträ-
gen und Seminaren sehr viel Spaß be-
reitet und Sie fast keine Mühen kos-
tet, dass Sie gerne auch vor größerem
Publikum steht. Einer ihrer Werte ist
es, größere Massen zu bewegen, nicht
sinnfrei, sondern mit dem Ziel, sie
in ihren Potenzialen voran zu bringen. Ihre Vision hat also viel mit
ihren Ressourcen und Werten zu tun.
Sie hat dieses Bild klar vor Augen
und kann jetzt anfangen, kleine
Schritte zu planen, um ihre Vision
auch leben zu können.

Wichtig ist, die Vision ist mehr
als Position B, ist mehr als das, wo-
hin Sie sich im Augenblick verändern
wollen. Aber B sollte auch zu Ihrer
Vision passen, sozusagen auf Ihrem
Weg dorthin liegen.

Angenommen die Autorin hätte
einen Verlag gefunden, der mit ihr
für die nächsten Jahre eine Reihe zu
einem bestimmten Thema oder eine Ro-
manreihe plant. Klingt toll, nicht
wahr? Was es aber bedeutet ist, dass
sie mit viel Zeit, Kraft und Kreati-
vität an diese Reihe gebunden ist,
Lesereisen müssen unternommen werden

usw. Wenn aber die Vorträge, die sie in ihrer Vision halten will, völlig anderer Natur sind, vielleicht ein Coaching- oder ein spirituelles Thema, dann kann es passieren, dass sie an ihrer Lebensvision zumindest eine zeitlang vorbeischliddert. Es sei denn, sie kann diesen Schritt als Zwischenschritt werten und dementsprechend einplanen.

Eine Vision zu haben ist also eine große Hilfe, um die nächsten Veränderungsschritte zu planen und um B zu überprüfen und ggf. zu korrigieren.

Jetzt sind Sie wieder an der Reihe: Entscheiden Sie zunächst, für welchen Lebensbereich Sie Ihre Vision finden möchten. Gut ist es, wenn es der Bereich ist, in dem Sie sich gerade auch verändern wollen. Malen Sie ganz konkret Ihr Bild in der Gegenwart und nehmen Sie wahr, welche Gefühle (und Körpergefühle) sich dabei einstellen. Darauf kommen wir in der nächsten Lektion noch einmal zurück.

Übung 8: Gewinnen Sie eine Vision für Ihr Leben!

Manchen Menschen fällt es sehr leicht, eine Lebensvision zu entwickeln, anderen eher schwer. Eine Vision zu haben ist wichtig, weil in ihr in der Regel Ihre wichtigsten Ressourcen und Werte zum Tragen kommen. Außerdem ist es eine gute Entscheidungshilfe, weil Sie eine Messschnur haben, anhand derer Sie überprüfen können, ob Ihre Ziele Sie näher an Ihre Vision heranführen. Menschen, die eine Vision besitzen, tanken außerdem viel Energie für ihre Veränderungsprozesse.

1. Für eine Vision ist es gut, nicht zu viel „Bodenhaftung" zu haben, sondern sich einmal aus der Vogelperspektive zu betrachten. Fliegen Sie im Geist einmal so hoch, dass Sie sich gut im Blick haben, aber auch Ihre nähere und weitere Umgebung.

2. Malen Sie sich eine oder auch mehrere Möglichkeiten konkret aus. Wo könnten Sie sich in 5 bis 10 Jahren sehen? Was machen Sie genau? Wer oder was ist in Ihrer Nähe? Versuchen Sie, alle Sinne zu benutzen, vor allem was Sie sehen und hören.

_____

_____

_____

_____

_____

_____

_____

_____

_____

_____

3. Überprüfen Sie dieses Szenario
oder auch mehrere Szenerien anhand
Ihrer wichtigsten Ressourcen und Werte: Welches passt am besten?

_____

_____

_____

_____

_____

_____

_____

_____

_____

_____

_____

_____

_____

4. Überprüfen Sie zuletzt noch einmal, ob B zu Ihrer Vision passt. Falls nicht, was genau müssten Sie verändern, damit Sie auch mit Ihrem nächsten Schritt Ihrer Vision näher kommen? Oder ist B ein legitimer Umweg?

_____

_____

_____

_____

_____

_____

_____

_____

_____

_____

_____

Lektion 9: Entwickeln Sie angenehme Zielgefühle

In der letzten Lektion haben Sie eine Vision entworfen, damit haben Sie alle Bausteine kennengelernt, die Ihnen helfen, genug Energie für die anstehende Veränderung zu haben. In dieser Lektion kümmern wir uns jetzt sozusagen noch um einen Katalysator der Veränderung, nämlich um positive oder besser gesagt um angenehme Zielgefühle.

Wir alle verbrennen Nährstoffe im Körper. Normalerweise wären die Temperaturen dafür enorm hoch, sodass wir lichterloh brennen würden, sobald wir Nahrung aufgenommen haben. Damit das nicht passiert, haben wir etliche Katalysatoren im Körper, Biokatalysatoren. Das sind Stoffe, die dafür sorgen, dass die Verbrennung bei wesentlich niedrigeren Temperaturen trotzdem stattfinden kann. Solche Katalysatoren in Ihrem Veränderungsprozess sind angenehme Zielgefühle.

Ich hatte ja bereits erwähnt, dass Ihre Motivation davon abhängt, ob Sie Ihr Ziel mit einem für Sie positiven Gefühl, wie Leichtigkeit, Freude, Zufriedenheit usw. verbinden. Unser Gehirn ist auf Belohnung hin angelegt und angenehme Gefühle spornen uns an, das Ziel zu erreichen. Denken Sie einen Augenblick darüber nach, ob Sie diesen Kurs gekauft hätten, wenn Sie gelesen hätten:

Wenn Sie diesen Kurs durchlaufen haben, werden Sie sich hundeelend fühlen und sich eine Woche lang krank schreiben lassen. Nein, unangenehme Gefühle sind ein schlechtes Verkaufsinstrument. Oder haben Sie sich schon einmal gefragt, was die angenehme Musik im Fachgeschäft soll? Warum Werbung immer so schön bunt und fröhlich aussieht? Verkäufer lernen, dem Kunden angenehme Gefühle zu vermitteln, die sich sofort einstellen, wenn sie ein Produkt gekauft haben.

Genau das möchte Ihr Gehirn auch von Ihnen selbst: Es will, dass Sie ihm das Produkt der Veränderung schmackhaft machen. Wenn Sie mit Ihrem Ziel Anstrengung, Druck und ein Handtuch voller Tränen verbinden, ohne dass Sie fühlen können, was Sie davon haben, dann werden Sie sich kaum in Bewegung setzen. Wissen Sie dagegen genau, wie sich Ihr Ziel anfühlt und fühlt es sich z.B. gut, lebendig oder wunderbar an, dann laufen Sie fast von alleine los. Sie brauchen also angenehme Zielgefühle.

Wie bekommen Sie die? Indem Sie folgende Übung machen: Stellen Sie sich vor, Sie hätten bereits jetzt Ihr Ziel, also B erreicht, was genau ist dann anders? Was machen Sie anders? Woran merken es andere, z.B. Ihr Partner, Ihre Kollegin, Ihre Katze? Und wenn Sie das alles so wahrnehmen, wie geht es Ihnen dann? Was genau fühlen Sie? Wo im Körper bemerken Sie es? Wie könnten Sie es noch ein klein wenig verstärken?

Auch hierzu ein Beispiel, bevor Sie es für sich selbst ausprobieren: Ein Kunde beschließt, sich auf den Posten des Abteilungsleiters zu bewerben. Angenommen, der Kunde hat bereits festgestellt, dass dieser Posten seinen Ressourcen und Werten entspricht bzw. diese Ressourcen und Werte noch besser zur Geltung bringen und er durch die Veränderung seiner Vision, einmal mit hauptverantwortlich für ein Unternehmen zu sein, einen Schritt näher kommt. Er hat sich bereits über die Firma erkundigt und kann sich gut vorstellen, wie er dort als Abteilungsleiter arbeiten wird – und stopp: Hier verändern Sie jetzt die Zeitform in die Gegenwart, also: Er stellt sich vor, wie er als Abteilungsleiter dort arbeitet. Er malt sich aus, wie er mit seinen Mitarbeitern redet und sie motiviert, vielleicht kann er auch gut Menschen fördern, weil er einen Blick für ihre Potenziale hat. Er plant Projekte und evaluiert sie, er hält Meetings, er betreibt Networking, um weitere Karrierestufen vorzubereiten, er bilanziert. Je besser er sich das ausmalen kann, was er genau tut und woran andere seine Veränderungen bemerken, welche Ressourcen er einsetzt und welche seiner Werte dabei zur Geltung kommen, desto mehr wird sich möglicherweise eine tiefe Zufriedenheit einstellen, die ihn ruhig atmen lässt und ihn entspannt. Oder er fühlt sich energiegeladen und schwungvoll und bemerkt dies vor allem in seinen Beinen. Wie auch immer – es sollte sich ein angenehmes Gefühl einstellen, das auch im Körper spürbar ist.

Bevor Sie loslegen, gebe ich Ihnen noch zwei kleine, aber wichtige Hinweise: Der erste lautet: Unser Gehirn kann das Wort „nicht" nicht verarbeiten. Also formulieren Sie bitte statt: „Dann fühle ich mich nicht mehr so untergebuttert", (was ja auch kein angenehmes Zielgefühl ist), lieber: „Dann fühle ich mich aufgerichtet und kann aufatmen."

Der 2. Hinweis lautet: Gut ist kein Gefühl, sondern eine Bewertung. Möchten Sie also sagen: Ich fühle mich gut, dann fragen Sie sich: Und was genau heißt denn gut? Mit der Zeit werden Sie dann den „guten" Gefühlen auf die Spur kommen.

Übung 9: Entwickeln Sie angenehme Zielgefühle!

1. Wenn Sie Ihr Ziel (B) erreicht haben, was werden Sie dort gewonnen haben? (Überprüfen Sie diese Frage auch noch einmal anhand der Übung 5).

---

2. Woran merkt die Person, die Ihnen am nächsten steht, dass sich etwas bei Ihnen verändert hat? Woran merken es Ihren Kollegen, Ihre Nachbarn, …?

---

3. Wie geht es Ihnen bei der Vorstellung, Ihr Ziel (B) erreicht zu haben? (Denken Sie daran, „gut" ist kein Gefühl.)

---

4. Wo genau spüren Sie das im Körper?

---

5. Betrachten Sie abschließend Ihre persönliche Veränderungskurve. Haben Sie jetzt insgesamt genug Energie gewonnen, um „über Ihren Veränderungsberg" zu kommen? Was brauchen Sie ggf. noch, was müssen Sie vorher noch verändern?

Lektion 10: Von der Zukunft zurück in die Gegenwart

In dieser Lektion stelle ich Ihnen meine Lieblingsübung vor, die ich gerne im Coaching anwende, wenn es um Veränderungsprozesse geht.

Aus der lösungsorientierten und systemischen Arbeit kennen wir den Umgang mit Skalen. Skalen (von 1 bis 10 oder von 10 bis 100) sind deshalb gut geeignet, weil sie subjektiv empfundene Unterschiede leicht aufzeigen und Ressourcen schnell zu identifizieren sind.

Anhand einer Skala werde ich mit Ihnen jetzt Ihren Veränderungsprozess visualisieren mit dem Ziel, Ihre einzelnen Schritte hin zu Ihrer Position B zu entwickeln.

Sie benötigen also zunächst eine Skala (von 1 bis 10)- am besten eignen sich Karten oder Blätter, die Sie auf dem Boden platzieren. Definieren Sie nun sowohl die Ziffer 1 als auch die Ziffer 10. Erst jetzt treten Sie in die Skala ein mit der Frage: „Wo genau bezogen auf Ihren Veränderungsprozess stehe ich jetzt?" Sie werden feststellen, dass Sie in den meisten Fällen nicht auf der 1 beginnen. Viele meiner KlientInnen haben sich schon viele Gedanken gemacht, bevor sie zu mir kommen, und oft wählen Sie ihren augenblicklichen Standpunkt bei einer 3 oder 4. Es ist aber letztlich egal, wo Sie sich positionieren, al-

lerdings wäre es sehr verwunderlich,
wenn Sie schon kurz vor Ihrem Ziel
stünden.

Angenommen, Sie hätten sich auf
eine 2 gestellt, dann geht es im ersten Schritt nun um die Frage, was genau schon anders ist als auf der 1
oder 1,5. Ziel ist herauszufinden,
was Sie schon verändert haben, was
Sie schon in Bezug auf Ihr neues Ziel
können und welche Ressourcen Sie
jetzt schon nutzen. Die gefundenen
Antworten werden Sie beflügeln und
Sie ermutigen, nun Ihr Ziel (Position
B) auf der Skala festzulegen. Dazu
ist es wichtig, aus der Skala wieder
herauszutreten, sozusagen von einem
Meta-Ort aus auf die Skala zu bli-
cken.

Viele KlientInnen wählen für das
Ziel übrigens auch häufig nicht die
10, sondern oft die 8 oder 9. Wenn
doch, dann machen Sie sich klar, dass
die Skala nicht bei der 10 enden
muss, sondern nur im Augenblick, weil
es Ihnen nicht erstrebenswert er-
scheinen wird, wenn es nach Ihrem
neuen Ziel nichts mehr zu erreichen
gibt. Begeben Sie sich nun auf die
Position auf der Skala, auf der sich
Ihr Ziel befindet. Wichtig ist, dass
Sie mit dem Gesicht in Richtung 10
schauen, also in die Zukunft. Nehmen
Sie sich nun Zeit und wahr, wie es
Ihnen an diesem Punkt geht. Viele
KlientInnen melden zurück, dass sie
sich energiegeladen, freudig erregt

oder zufrieden fühlen. Wie auch immer, es sollte ein angenehmes oder sogar sehr angenehmes Gefühl sich dort einstellen. Sie werden es auch an Ihrer Körperhaltung wahrnehmen: Stehen Sie aufrechter, offener, in einer guten Körperspannung?

Sollten Sie an dieser Stelle unangenehme Gefühle oder Körpergefühle bemerken, ist das ein wichtiger Hinweis entweder darauf, dass Ihr Ziel derzeit unrealistisch groß ist oder doch nicht mit Ihren Ressourcen, Werten und Ihrer Vision übereinstimmt. Nehmen Sie diese Rückmeldungen auf jeden Fall sehr ernst! Im Gegensatz zu Ihrem reflektierenden Gehirn kann der Körper nicht lügen. Vielleicht entdecken Sie das erste Mal, dass Sie sich Ziele setzen, die Ihnen gar nicht entsprechen. Dann ist es wichtig, der Frage nachzugehen, wer oder was Sie bestimmt. In diesem Fall lesen Sie zuerst die folgende Lektion.

Wenn Ihnen aber wohl ist mit Ihrem Ziel und Sie Ihre Gefühle und zugehörigen Körpergefühle für sich notiert haben, dann entwickeln Sie als nächstes ein passendes Bild dazu, ein Symbol, ein Wort oder einen Satz. Je griffiger dies ist, desto besser wird es Ihnen gelingen, Ihr Zielgefühl wieder abzurufen und dadurch neu motiviert zu sein, den Weg bis zu Ihrem Ziel durchzuhalten.

Als nächstes geht es darum, Teilziele festzulegen. Falls Ihr Ziel auf

der 9 liegt, fragen Sie sich dort
jetzt bitte:

„Was werde ich als Letztes geschafft haben, um mein Ziel zu erreichen?"

Formulieren Sie Ihre Antwort möglichst konkret und, das ist besonders
wichtig, in der abgeschlossenen Zukunft (Futur II). Obwohl Ihre Schritte noch in der Zukunft liegen, macht
das abgeschlossene Futur Ihnen deutlich, dass die Aufgabe schon bewältigt ist. Diese Information werden
Sie wesentlich besser verarbeiten als
eine Menge offener Punkte auf einer
to-do-Liste, die alle in der Zukunft
liegen.

Gehen Sie dann einen Schritt
rückwärts. Gehen Sie genau so viel
rückwärts auf der Skala, wie Sie spüren, dass der letzte Schritt vom er-
reichten Ziel entfernt ist. Sie müssen also nicht auf der 8 landen, manche gehen nur bis 8,7 rückwärts, andere gleich bis zur 7. Wenn Sie auf
dem Punkt stehen, fragen Sie sich
wieder: „Was werde ich als Letztes
geschafft haben, um hier zu landen?"

Danach, Sie ahnen es sicher, gehen Sie Schritt für Schritt so lange
rückwärts, bis Sie bei Ihrer jetzigen
Position ankommen.

Vielleicht fragen Sie sich, warum
Sie rückwärts gehen sollen: Das liegt
daran, dass es den meisten Menschen
leichter fällt, Ihre Zukunft von hinten nach vorne aufzurollen, weil sich

der erste Schritt aufgrund der zahl-
reichen Schritte, die noch kommen,
schnell überfordernd anfühlt.

Sind die einzelnen Schritte nun
herausgefunden, gehen Sie jeden
Schritt aus Ihrer heutigen Position
noch einmal bis zu Ihrem Ziel ab.
Jetzt kommt die SMART-Formel zum Tragen, die Sie möglicherweise aus anderen Zusammenhängen schon kennen.
SMART ist die Abkürzung für

Spezifisch – Messbar – Aktiv –
Realistisch – Terminiert.

Nachdem Sie für jeden Schritt bereits die Antwort, was Sie geschafft
haben werden, herausgestellt haben,
können Sie jetzt anhand derer ein
smartes Ziel entwickeln.

Angenommen, Sie wollten sich
einen neuen Job suchen, dann würde
Ihr erster Schritt vielleicht lauten:

„Ich werde zahlreiche Stellenanzeigen gelesen, mich ansprechende
Jobskills in einer Tabelle gesammelt
und in ein persönliches Ranking gestellt haben.“

Mit der Smart-Formel lautet Ihr
erster Schritt:

„Ich werde in den nächsten drei
Wochen 30 geeignete Stellenanzeigen
durchgesehen haben. Ich werde die An-
forderungen der Stellen daraufhin
durchgesehen haben, wie sehr sie mich
ansprechen bzw. auf mich zutreffen
und daraus eine Liste mit den für
mich 10 wichtigsten Skills erstellt

haben."

Diese Smart-Formel wenden Sie nun für jeden Schritt an, bis Sie bei Ihrem Ziel angekommen sind. Jetzt sollten Sie gut gerüstet und sortiert sein, um Ihren Veränderungsprozess einzuleiten und Ihr Ziel zu erreichen!

Übung 10: Von der Zukunft zurück in die Gegenwart

1. Üben Sie zur Vorbereitung Sätze im Futur II: Was werden Sie bei Position B (Ihrem nächsten Ziel) erreicht haben?

_____

_____

_____

2. Suchen Sie sich einen ruhigen Ort mit etwas Platz und legen Sie sich eine Skala von 1 bis 10 zurecht. Definieren Sie auf der Skala Ihren Ausgangspunkt A (das kann 1 sein, muss aber nicht) und Ihren Zielpunkt B (kann 10 sein, muss aber nicht). Gehen Sie auf B. Was werden Sie bei B erreicht/getan/gemacht/geleistet/überwunden (…) haben? Nehmen wahr, was Ihnen durch den Kopf geht, Ihre Gefühle und Ihr Körpergefühl.

3. Gehen Sie jetzt Schritt für Schritt rückwärts. Ein Schritt rückwärts kann klein, genau eine Zahl groß oder auch größer sein. Stellen Sie sich nun die Frage: „Was werden Sie an diesem Punkt erreicht, geschafft, abgeschlossen, gemacht haben, um bei B abgekommen zu sein?

4. Gehen Sie nun Schritt für Schritt rückwärts (Jeweils mit der gleichen Fragen, was Sie an dem Punkt bereits geschafft haben werden), bis Sie bei A angekommen sind. Sie werden feststellen, manche Schritte sind leicht zu gehen, manche kosten viel Energie. In der Regel stimmt diese Wahrnehmung mit der Realität überein.

_____

_____

_____

_____

_____

_____

_____

_____

_____

_____

5. Im letzten Teil dieser zentralen Übung gehen Sie nun noch einmal alle Schritte von vorne nach hinten (bis zu Ihrem Ziel) ab und definieren für jeden Schritt ein smartes Ziel:

.
s (spezifisch), m (messbar), a (aktiv), r (realistisch), t (terminiert) – Beachten Sie, dass die Termine nicht zu eng und nicht zu weit gesteckt sind.

Lektion 11: Hindernisse und Rückschläge meistern

Nicht jeder Veränderungsprozess verläuft ohne Hindernisse und Rückschläge. Es ist häufig so, dass Prozesse auch stagnieren oder dass Sie bei einem anderen Ziel ankommen, als Sie wollten. Mitunter stellen Sie vielleicht fest, dass Sie gar nicht losgekommen sind, obwohl Sie das doch so fest vorhatten.

An dieser Stelle ist eines besonders wichtig: Halten Sie inne und nehmen Sie wahr, was gerade ist. Jedes Hindernis, jede Stagnation hat ihren guten Grund. Bekämpfen Sie den nicht, sondern finden Sie ihn heraus und seinen Stellenwert in Ihrem Leben. Nur so können Sie auf lange Sicht Ihr Ziel erreichen.

Angenommen, Sie wollen endlich den Job finden, der wie für Sie gemacht ist. Sie kennen Ihre Resosurcen, Ihre Werte, Ihre Persönlichkeit und nach einem halben Jahr haben Sie eine neue Stelle gefunden. Doch nach drei weiteren Monaten stellen Sie fest, dass auch diese Firma ganz andere Werte vertritt als Ihnen selbst wichtig sind. Sie legen viel Wert auf Nachhaltigkeit und darauf, dass Mitarbeiter als große Ressource des Unternehmens angesehen werden. Sie fragen sich, wie Sie nur an dieser Stelle landen konnten. Was ist schief gelaufen?

Nun, bevor Sie sich wieder weg bewerben, ist es gut, darüber nachzudenken, weshalb Sie nicht wahrnehmen konnten, dass die Firma ganz andere Werte vertritt als Sie selbst. Welchen Sinn in Ihrem Leben macht es, dass Sie in Ihrem Arbeitsalltag gegen Ihre Leitvorstellungen ständig verstoßen müssen? Fühlen Sie sich vielleicht dazu berufen, die Unternehmenswelt zu verändern oder haben Sie in Ihrer Herkunftsfamilie gelernt, dass man es im Leben immer unbequem haben sollte, dass Arbeit keinen Spaß macht?

Nur wenn Sie die Antwort herausfinden, werden Sie einen anderen Umgang mit diesem „Sinn" in Ihrem Leben finden, ansonsten werden Sie das Muster immer und immer wieder wiederholen.

Viele Hindernisse haben ihre Wurzeln in dem System der Herkunftsfamilie. Dort haben Sie zahlreiche sinnvolle und einige hinderliche Muster für Ihr Leben gelernt. Wenn so ein hinderliches Muster bei Ihrem Veränderungsprozess zutage tritt, identifizieren Sie es, schätzen Sie es wert und überlegen Sie erst dann, wie Sie heute als erwachsener Mensch anders handeln wollen, können und auch dürfen.

Wesentlich ist auch, dass Veränderungsprozesse ein hohes Maß an Komplexität beinhalten. Sie haben Position A verlassen und sind noch nicht bei Position B angekommen. Vieles ist offen. Ein Unternehmer formulierte mir gegenüber einmal so: „Los kommt man schnell, aber dann …" Überprüfen Sie, ob Sie an einer Stelle zu schnell gewesen sind. Sind Sie überhaupt in Ihrem Tempo?

Manchmal ist es eine große Hilfe, drei verschiedene Szenarien zu entwerfen: Eines mit einem für Sie normalen Tempo, eines, bei dem alles schneller geschieht und eines, bei dem alles länger als sonst dauern darf. Legen Sie davor fest, nach welchem Szenario Sie vorgehen wollen und überprüfen Sie während des Prozesses immer mal, ob Sie noch in dem von Ihnen gewählten Tempo vorwärts kommen oder ob Sie das Tempo ändern sollten. Durch die verschiedenen Szenarien haben Sie bereits von vornherein unterschiedliche Optionen erarbeitet, sodass Sie bei Schwierigkeiten nicht gleich in Panik geraten müssen. Wenn Sie zu viel auf einmal gewollt haben oder Ihre smarten Ziele nicht „smart" genug waren, können Sie dies nun korrigieren.

Wenn Sie diese Idee nicht weiterbringt, legen Sie Ihre Skala noch einmal aus. Überprüfen Sie noch einmal jeden Schritt. Wo stehen Sie jetzt? Schon weiter vorne? Immer noch da, wo Sie standen oder wurden Sie eventuell sogar zurückgeworfen? Jeden

Punkt, der sich immer noch identisch oder ähnlich anfühlt, können Sie schnell hinter sich lassen. Überprüfen Sie vor allem Ihr Ziel: Ist es noch dasselbe und an derselben Stelle? Hat sich Ihr Zielgefühl verändert? Passt Ihr Ziel noch zu Ihrer Vision oder ist Ihre Vision inzwischen eine andere? Haben sich andere Parameter in Ihrem Leben so verändert, dass Sie umdisponieren müssen? Was kann dann bleiben?

Gehen Sie bis dorthin, wo Sie die Stelle finden, die nicht mehr oder noch nicht passt. Bevor Sie über „das Problem" nachdenken, identifizieren Sie zunächst alle Ressourcen, die Sie in dem Prozess schon gewonnen haben. Was ist jetzt anders als an dem Punkt, an dem Sie sich auf den Weg gemacht haben? Was machen Sie anders und wie haben Sie das geschafft? Gerade in Schwierigkeiten sehen wir häufig nur noch das Negative und Belastende und verlieren die Ressourcen aus dem Blick. Um aber neu durchstarten zu können, sind die aber wichtig. Sie brauchen neue Energie, die Sie wieder nach vorne trägt.

Schauen Sie sich in Ihren Systemen um: Wer könnte Sie unterstützen, ermutigen oder vielleicht sogar pacen? Manchmal ist es eine große Hilfe, jemandem über seinen Veränderungsprozess Rechenschaft abzulegen.

Zuletzt: Zu unserem Leben gehört

auch das Scheitern. Manche unserer Träume lassen sich nicht oder noch nicht leben, manche unserer Ziel sind zumindest zu diesem Zeitpunkt nicht zu erreichen. Wenn Sie sich aufgemacht und gekämpft haben, ist es normal, enttäuscht oder ärgerlich zu sein. Doch erkennt man die Qualität eines Profisportlers daran, wie er mit Niederlagen umgeht.

Gehen Sie nicht einfach zum Alltag über, indem Sie funktionieren. Nehmen Sie sich Zeit, um den Prozess zu betrauern und ihn noch einmal Revue passieren zu lassen. Was ist in ihm trotzdem gelungen? Welche Ressourcen haben Sie dabei gewonnen? Was würden Sie bei einem nächsten Mal anders machen? Was brauchen Sie noch? Was müssten Sie besser im Blick haben oder beachten? Wen müssten Sie möglicherweise früher miteinbeziehen?

Wenn Sie diese Fragen beantwortet haben, dann tun Sie etwas, das sich vielleicht verrückt anhört: Feiern Sie Ihren Misserfolg! Ich meine dies nicht im Sinne von „Juchhu, ich habe versagt!", sondern im Sinne von „Ich ehre meinen Versuch als eine wichtige Erfahrung in meinem Leben." Damit räumen Sie all der Energie, Zeit und dem, was Sie sonst noch investiert haben, den nötigen Stellenwert ein und werden es beim nächsten Mal leichter haben, wieder loszugehen.

Übung 11: Hindernisse und Rückschläge meistern

1. Überprüfen Sie Ihre Kosten: Haben Sie etwas übersehen? Ist etwas hinzugekommen? Hat sich etwas entscheidend verändert? Wenn ja, was müssen Sie auf Ihrem Veränderungsweg korrigieren?

_____

_____

_____

_____

_____

_____

2. Schauen Sie nach, ob Ihnen auf Ihrem Veränderungsprozess Dinge abhanden gekommen sind, die Ihnen Energie geben! Wenn ja, woraus können Sie noch Energie gewinnen?

_____

_____

_____

_____

_____

3. Überprüfen Sie Ihre „smarten Schritte": Welche haben Sie gemeistert? Was ist Ihnen dabei gelungen? Sammeln Sie Ihre Ressourcen!

_____

_____

_____

_____

4. Waren Sie zu schnell oder zu langsam? Legen Sie drei verschiedene Zeitfenster fest (normal, schnell, langsam). Orientieren Sie sich eher an einem normalen Tempo, bei hohen Kosten lieber ein wenig langsamer.

_____

_____

_____

_____

_____

_____

_____

_____

_____

_____

5. Überprüfen Sie Ihr Zielgefühl und gehen Sie die Skala noch einmal rückwärts bis zu dem Schritt, der Ihnen noch gelungen ist. Fragen Sie sich nochmals bei jedem Schritt rückwärts: Was werde ich hier geschafft haben? Vergleichen Sie das Ergebnis mit ihrem ersten Veränderungsmodell aus der letzten Übung und definieren Sie ggf. neue smarte Schritte.

———————————————————

———————————————————

———————————————————

———————————————————

———————————————————

———————————————————

6. Lässt sich Ihre Situation derzeit
nicht ändern, sich Ihr Ziel noch
nicht erreichen? Würdigen Sie Ihren
Prozess bis hierher. Sammeln Sie Ihre
Ressourcen. Halten Sie fest, was Sie
bei einem nächsten Mal anders machen
können.

———————————————————

———————————————————

———————————————————

———————————————————

———————————————————

———————————————————

———————————————————

———————————————————

Lektion 13: Ankommen heißt feiern!

Sie haben es geschafft! Ein wichtiger Prozess liegt hinter Ihnen, ein wichtiger Schritt allerdings auch noch vor Ihnen! Viele Menschen vergessen ihn und nehmen sich damit einige Ressourcen, die Sie für den nächsten Prozess benötigen werden: Der wichtige Schritt lautet: Halten Sie einen Moment inne und lassen Sie Revue passieren, was ihnen da mit dem Einsatz von Kraft, Zeit und Lebensenergie gelungen ist.

Sammeln Sie – mindestens – drei Ressourcen, die Sie zur Bewältigung dieser Aufgabe verwendet haben. Möglicherweise sind das „Mut, zwei Freunde, kluge Absprachen." Finden Sie zu jeder Ressource einen „Filmausschnitt" in Ihrem Veränderungsprozess, in dem Sie diese Ressource deutlich erlebt haben und lassen Sie ihn vor Ihrem Auge noch einmal abspielen. Überlegen Sie sich zuletzt, wie Sie diese imaginären Filme so aufbewahren können, dass Sie sich die in ihnen visualsierten Ressourcen in anderen Situationen wiedre abrufen können.

Und nun feiern Sie Ihren Erfolg! Tun Sie es für sich, indem Sie sich z.B. etwas Gutes gönnen oder eine Tagebuchnotiz gestalten. Rufen Sie jemanden an oder feiern Sie ein Fest. Was immer Sie tun, tun Sie es bewusst, denn Sie haben viel investiert, was

noch einmal wertgeschätzt werden
sollte. Die Energie, die jetzt frei
wird, können Sie für die nächste Veränderung wieder investieren.

Übung 13: Ankommen heißt Feiern!

1. Schreiben Sie alle kleinen und großen Dinge auf, die Sie tun könnten, wenn Sie B erreicht haben, um Ihren Erfolg zu feiern:

_____

_____

_____

_____

_____

_____

2. Suchen Sie sich eine konkrete Woche für Ihre Feier aus und planen Sie diese so genau wie möglich. Welches innere Bild entsteht dabei? Nehmen Sie auch diese Energie mit auf Ihrem Veränderungsprozess!

_____

_____

_____

_____

_____

_____

3. Welche drei Ressourcen haben Sie bei der Bewältigung des Prozesses verwendet? Produzieren Sie zu jeder einen kleinen Filmausschnitt und bewahren Sie ihn sorgfältig auf.

_____

_____

_____

_____

_____

_____

_____

_____

_____

4. Wenn Sie B erreicht haben: Feiern Sie!